JN122410

絶景 北海道の鉄道

番匠 克久 編著

北海道新聞社

Scenic Railroads in Hokkaido

「朝霧の馬鈴薯畑」根室本線｜御影─芽室 / Yuu

「霧氷の森」根室本線｜金山ー東鹿越 / Maru

「晩秋の峠」宗谷本線｜塩狩—和寒 / Sasa

「薄明の刻」留萌本線｜秩父別 / Ban

はじめに

　北海道在住35年になります。その間、北の大地では春夏秋冬、四季折々の景色に出会いました。写真のモチーフは鉄道です。どこまでも続く二本の線路は、その先や将来を予感させ、ひなびた駅には詩情を感じ、テールランプを灯した列車を後ろから遠く見送る心を知りました。

　そうした中、心豊かな同世代で、鉄道風景をしっかり捉えている写真仲間との出会いがありました。長年活動していると、こうした方々との交流があり、北海道全域を網羅したいい写真集が出来るのではないかと考えました。協力していただいた方々は第一級の腕前で、余すことなく北海道の鉄道風景を表現しています。また、写真を引き立ててくれるエッセイを頂戴した方々も、北海道愛にあふれた感受性豊かな方ばかりで、快く引き受けてくださり本当に感謝しています。

　北海道の素敵な鉄道風景と、それにまつわるエッセイで、見てくださる皆様の心の琴線に触れることが出来れば幸いかと思います。二本の線路がどこまでも続くように、まだ見ぬ鉄道風景を求めて、今後も歩み続けていきたいと思います。

番匠　克久

Contents

札沼線｜豊ヶ岡／Ban

夜行列車

Memory of night trains

の
記憶

室蘭本線｜伊達紋別―北舟岡 / Yama

千歳線｜北広島―島松 / Yama

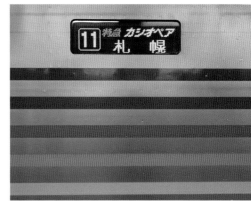
札幌 / Ban

CASSIOPEIA

　5つの星が W字型に並ぶカシオペア座からその名が採られた夜行列車。車体には夕方から朝にかけての時間の経過を表現した5色のラインが引かれる。「カシオペア」は1999年から運転している寝台特急。広く静かで快適な車内空間の実現を目指し、客室は全て A寝台個室。列車は上野駅13番ホームからひたすら北の大地を目指す。東京から札幌まで約1200キロ、17時間。飛行機で便利に行ける時代に、夜通しかけて向かう旅がある。

　そんな旅がしたくて、当時東京の大学に通っていた長女と札幌行きの「カシオペア」に乗り込んだ。上野16：20発、帰宅する人々を車窓から眺めながら、買い込んだ弁当を食べる。大学でのことや、直前に走ったフルマラソンの話を聞き、灯りが少なく

なったころに眠りにつく。列車が停車すると何故か目が覚める。ブラインドを上げると見知らぬ駅。再び発車するとそこには星空が拡がっている。しばらく眺めているうちにまた眠りにつく。やがて景色に少しずつ青みがかかり、徐々に明るくなる。間もなく海の向こうから太陽が昇り、朝の陽射しが窓から入ってくる。眠りから覚めると遠い場所の朝の景色、これが夜行列車の魅力であろう。

　ほんの数年前のことであるが、廃止となってしまった夜行列車が懐かしく思える。車窓から見た夕暮れの海、街の灯り、朝焼けの空を忘れないよう、また雄姿とも言える夜行列車の姿を、今一度記憶の奥に残しておきたいと思う。

室蘭本線｜大岸─豊浦 / Ban

室蘭本線｜小幌 ― 礼文 / Yama

北斗星の羊蹄モーニング

　約30年前、関西から渡道してきた頃には、既に鈍行列車しか行き交わなくなった「函館本線山線（長万部〜札幌）」。叶わなかった山線優等列車の旅に突如、チャンスがやってきた。2000年の有珠山噴火のため室蘭本線が不通となり、函館本線山線へ迂回運行となったのである。しかも、寝台特急まで山線を走破する！よし！立席特急券を握りしめ、早朝に最寄りの長万部駅から「北斗星」に飛び乗る私。

　いくつも川を渡り、右に左に車体をくねらせながら走る「北斗星」。山峡に汽笛をこだまさせながら、峠を上り下り。ディーゼル機関車の重連で引っ張る客車列車のゆったりとした走りが、山線にはよ

く似合った。「朝食のご用意ができました」との車内放送につられて食堂車「グランシャリオ」へ。真っ白なテーブルクロスに並べられる、モーニングのメニュー。岩々を噛んで流れゆく尻別川の清流を見ながらいただくスクランブルエッグにコーヒー。突如右窓いっぱいに展開する、蝦夷富士「羊蹄山」の山容。なんて贅沢な朝食なんだろう。最後は日本海の波頭まで見せてくれる、変化に富んだモーニングタイム。その後、室蘭本線は無事復旧した。僅か2カ月間ほど実施された、函館本線山線の特別な旅であった。

せたな町 / 河原 泰平

千歳線｜白石 / Ban

札幌 / Ban

北斗星車内 / Ban

北斗星車内 / Ban

北斗星車内 / Ban

室蘭本線｜静狩—小幌 / Yama

「はまなす」に揺られ

「みなさま、おはようございます。列車は時間通りに運転しております」

このおはよう放送で目覚める夜行列車の旅。朝焼けの空と静かな街並みを、寝ぼけ眼で眺め列車の揺れに身を委ねる。日常を離れて心の洗濯に、大事な人が住むあの街へ。窓の向こうに広がる闇と列車の揺れを感じるこの時間が、自分に向き合い、行き先への想いを巡らすには必要なものだった。

北海道最後の夜行列車となった急行「はまなす」。札幌と青森を結び、東北をはじめ本州への旅では幾度もお世話になった。駅では人々の旅立ちの光景。出会いと別れ。故郷に帰る方々や新生活に向けて。利用客の数だけ、ドラマがあった。

江別市 / 丸山 裕司

函館本線｜苗穂―白石 / Tomo

HAMANASU

函館本線｜苗穂—白石 / Tomo

函館本線｜苗穂—白石 / Tomo

千歳線｜平和—新札幌 / Tomo

千歳線｜上野幌—北広島 / Tomo

千歳線｜上野幌—北広島 / Tomo

千歳線｜白石 / Ban

札幌 / Maru

札幌 / Tomo

札幌 / Maru

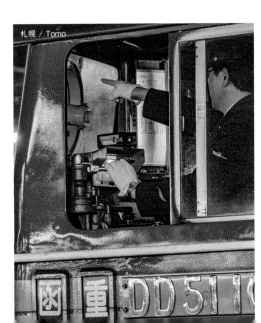

札幌 / Tomo

心の動脈

　函館本線は、様々な列車が行き交う大動脈。特急や貨物列車だけでなく、北海道と内地とを結ぶ夜行列車まで。上野や青森などの行先表示をみていると、終着駅の情景に想像力が掻き立てられ、無性に旅に出たくなる。

　関西から渡道した私が道南で暮らすようになって早20余年。行き交う列車の中で特別な列車がひとつある。関西に向かう、寝台特急「トワイライトエクスプレス」である。

　地縁、血縁のない町で独り就職し、馴れないこ

とばかりで戸惑ったあの日。上司に怒られ、つらい思いをしたあの日。沿線に出て、「大阪」の表示幕と緑の車体が流れ去るのをみると、関西の父母に今の私の悩みが届くような気がして心が慰められた。婚約し大切な人を紹介する時も、孫を披露する時の帰省もこの列車を利用した。走っているのを見るだけで故郷を感じる「心の動脈」。廃止された今はもう心の中でしか走っていないけれど…。

せたな町 / 河原 泰平

TWILIGHT

札幌 / Ban

トワイライトエクスプレス車内 /Ban

EXPRESS

北陸本線｜敦賀 / Ban

1

道南エリア

北 海 道 の 鉄 道 風 景
Scenic Railroads in Hokkaido

函館本線｜池田園 / Ban

Southern Hokkaido

道南いさりび鉄道｜上磯—茂辺地 / Yama

室蘭本線｜小幌 / Yama

函館本線｜銚子口―鹿部 / Yama

函館本線｜大沼公園 — 赤井川 / Yama

函館本線｜函館 / Kawa

函館本線｜七飯―大沼 / Kawa

函館本線｜函館 / Ban

函館本線｜SLはこだてクリスマスファンタジー号車内

クリスマスはSLで

　今年のクリスマスは何をして過ごそうか。

海の上のツリーを見に行く？　デパートのサンタさんに逢いに行く？

子どもたちは何に喜ぶかなあ？

　そうだ、SLのクリスマストレインに乗りに行こう。車内にはサンタさんが1人、2人、3人といっぱい！　あれっ、トナカイさんも乗っているぞ！

　凍てつく大沼、そして駒ヶ岳を縫って走りながら、歌にクイズに楽しい車内、そして大はしゃぎの子どもたち。お父さんも、楽しませてもらったよ、「SLはこだてクリスマスファンタジー号」こんな夢のような列車、一人で乗り込む勇気はなかったので。

せたな町 / 大和と音羽のパパ

函館本線｜倶知安 — 小沢 / Yama

函館本線｜ニセコ―比羅夫 / Yama

緊迫の出張帰還劇

　寝ぼけ眼をこすって、ホテルのテレビのスイッチを入れる。ニュースが伝えるのは、かつてない規模の爆弾低気圧。続けて聞こえてくるのは、指定席を確保している函館行特急北斗を含め、全道の特急が運休となったこと。

　明日は絶対に出席しなければならない仕事がある。出張中の札幌から脱出する手段はあるのか。駅に聞くと、10時発の迂回路となるニセコ周りの函館本線山線（札幌～長万部間）は動いているという。寝起きそのまま、急いで荷物をまとめて列車に乗り込む。

　函館本線山線が通る後志地方は、有数の豪雪地帯。果たして無事にたどり着けるのだろうか。車内で缶詰めになることも想定し、念のため駅弁を2食確保した。列車が進むにつれてどんどん雪は深くなる。次第に大きくなる風切音も不安を増幅させる。途中、無人駅を発車しようとすると前に進めない。そして後退。再び前進して、吹き溜まりを突破。最後の峠を越えた瞬間、函館本線山線の底力に拍手を送っている自分がいた。

せたな町 / 河原 泰平

函館本線｜ニセコ—比羅夫 / Yama

函館本線｜銀山―然別 / Yama

函館本線｜蘭島―塩谷 / Yama

函館本線｜黒松内 ― 熱郛 / Yama

函館本線｜黒松内 ― 熱郛 / Yama

函館本線｜目名—蘭越 / Ban

函館本線｜蘭越 / Yama

函館本線｜銀山—然別 / Yama

函館本線｜長万部 / Ban

函館本線｜蕨岱 / Ban

函館本線｜ニセコ─比羅夫 / Yama

廃止

Memory of

４路線の

four discontinued line

記憶

江差線 | 湯ノ岱—宮越 / Kawa

江差線｜湯ノ岱 / Ban

江差線｜湯ノ岱〜宮越 / Yama

江　差　線

-2014

江差線｜湯ノ岱 / Yama

江差線｜渡島鶴岡 / Ban

江差線｜渡島鶴岡 ― 吉堀 / Kawa

江差線の記憶

Memory of the Esashi Line

江差線は五稜郭〜江差間79.9キロを結んでいたが、
2014年5月に木古内〜江差間42.1キロが廃止された。
後に道南いさりび鉄道に移管された五稜郭〜木古内間とはがらりと趣が異なり、
新緑や紅葉の美しい山越えと天の川の渓谷の連続、江差側は日本海を横目に走る。
「江差追分」や「ソーラン節」の旋律が奏でられるような、抒情豊かな路線だった。

夕張支線｜南清水沢—清水沢 / Ban

夕張支線｜清水沢—鹿ノ谷 / Ban

夕張支線

-2019

夕張支線｜鹿ノ谷 / Ban

夕張支線｜夕張 / Ban

夕張支線｜沼ノ沢 / Ban

夕張支線の記憶

Memory of the Yūbari Branch Line

炭鉱が隆盛の時代に施設された路線が次々と廃線となり、

最後まで残った夕張支線が2019年3月、役目を終えた。

廃止後間もなく終着夕張駅前のホテルマウントレースイやスキー場が閉鎖され、駅周辺は静かになった。

夕張はコンパクトシティ化が進み、新たな地方都市の形を模索している。

16.1キロの短路線ではあったが、かつてあった夕張の繁栄の名残と、

四季折々の美しい風景が見られた路線であった。

夕張支線｜夕張 / Ban

札沼線｜北海道医療大学 ― 石狩金沢／Ban

札沼線｜月ヶ岡 ― 知来乙／Ban

札沼線｜浦臼 / Ban

札沼線｜下徳富 / Ban

札沼線｜石狩月形 / Ban

札沼線の記憶
Memory of the Sasshō Line

コロナ禍の影響で、予定されていたさよなら列車を見送ることもなく
2020年5月に廃止となった札沼線の北海道医療大学〜新十津川間47.6キロ。
最後は新十津川側の日本一早い最終列車が話題となった。
終着新十津川で乗客を出迎え見送るおもてなしが懐かしく、地元では路線愛が満ち溢れていた。
札幌から程近い距離で、田園風景のある長閑な風景に癒されたものだ。

札沼線｜本中小屋 ― 中小屋 / Ban

日高本線｜節婦 — 新冠 / Ban

日高本線｜日高三石 — 蓬栄 / Ban

日 高 線

-2021

日高本線｜様似 / Ban

日高本線｜浦河 / Ban

日高本線｜厚賀 ― 大狩部 / Ban

日高線の記憶

Memory of the Hidaka Line

自然災害で不通となった路線を復旧せずに廃止する、
という運命を辿ることになった日高本線。
鵡川〜様似間116キロが2021年3月に廃線となった。
太平洋の海沿いを走り、長大な鉄橋がいくつも架かり、
サラブレッドの牧場を縫うように走る姿に
魅了された人も多かった。

日高本線｜厚賀─大狩部 / Ban

2

道央エリア

北海道の鉄道風景
Scenic Railroads in Hokkaido

函館本線 | 朝里 — 銭函 / Ban

憧れの北の大地へ

　就職が決まった時、私は迷わず北海道への赴任希望を出した。そして念願が叶い札幌に赴任して3年。週末、仕事を終えるとそのまま札幌駅から列車に飛び乗り、旭川、稚内、網走、釧路など、遠いところでは6時間ほど列車に揺られる旅をした。車中では決まって旅先の情報を調べ、積ん読状態であった本を読み、ぼんやりと思いにふけり、列車での長旅を満喫した。

　思い返すと、列車旅が好きになったきっかけは、北海道の列車だった。2015年、大学の授業の一環で真冬の富良野を訪れていた。せっかくなので道内を観光して東京へ戻ろうと考えたものの、その時はまだ何の計画もしていなかった。仲良くなった学生に聞くと、富良野から室蘭まで鈍行列車を乗り継ぎ、そこから本州行きのフェリーに乗るという。分厚い時刻表を片手に語る旅の計画に興味を持ち、私も室蘭まで同行させてもらうことにした。一両きりの列車、単線、ボタンを押さないと開かないドア、降りる時は運転士さんに整理券を見せて精算する。当時の私にとって、そのすべてが物珍しかった。列車に乗っている人々はほとんどが地元の方らしく、こうした路線が地域にとっては欠かせないインフラであることも実感した。長旅を経て、室蘭に到着し食したラーメンは驚くほど美味しかった。

　大好きな北海道から離れる日はいつかくる。あの学生時代の冬の列車旅を懐かしく思うように、いつかまた、北海道赴任中に訪れた旅を懐かしく思い出す日が来るのだろう。

札幌市 / あかね

Central Hokkaido

千歳線｜上野幌 — 北広島 / Ban

函館本線｜滝川 / Maru

札幌 / Maru

函館本線｜旭川 / Ban

学園都市線（札沼線）｜桑園 / Maru

千歳線｜平和 / Maru

学園都市線（札沼線）｜あいの里公園 / Maru

函館本線｜岩見沢 / Kiku

函館本線 ｜ 江別 — 豊幌 / Maru

石勝線｜追分—川端 / Ban

石勝線｜南千歳 ― 追分 / Ban

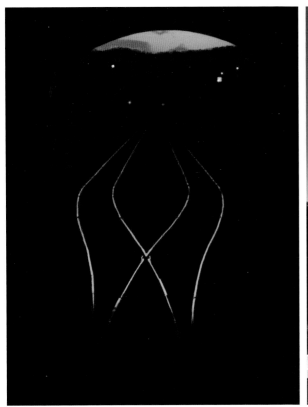

石勝線｜追分 — 川端（東追分信号場）/ Maru

石勝線｜滝ノ上 / Ban

石勝線｜占冠 — トマム / Ban

室蘭本線｜志文 ― 岩見沢 / Ban

室蘭本線｜栗丘 / Ban

室蘭本線｜志文 / Ban

室蘭本線｜追分 — 三川 / Ban

室蘭本線｜古山 ― 由仁 / Ban

室蘭本線｜由仁 ― 栗山 / Ban

室蘭本線｜古山 ― 由仁 / Ban

「マオイ」は石狩平野の南東部に位置する馬追（マオイ）丘陵からくるエリア名で、

長沼、由仁、栗山、南幌町界隈のことを指す。アイヌ語で「ハマナスの実があるところ」という意味だという。

工房やワイナリー、レストランやカフェが点在、夏は田園風景や果樹園が拡がり、冬は綺麗な雪原となる。

大都市札幌と空港から近く、都市部での暮らしを主としながらも、休日は広々したところで、

という人も多くいる中で、マオイは絶妙な距離感となっている。

非日常を求めて出掛けたいけれども、時間が掛かると大変なので近場で少し楽しみたい、

という向きにはぴったりなところではないだろうか。

札幌からほど近くの地方色豊かな路線は廃線が進み、こういう路線も少なくなった。

マオイの景色は何もないようで、出掛けるといつも何かがある。

ここには、四季折々の北海道の風景が凝縮されている。

室蘭本線｜栗丘—栗沢 / Ban

室蘭本線｜由仁 — 栗山 / Ban

人々の
Carry someone dreams
夢を乗せて
by train
運ぶ

函館本線｜旭川 / Tomo

あのね…

ハイ　ハイ
ソーラン　ソーラン
ドッコイショ
ドッコイショ

千歳線｜上野幌—北広島 / Tomo

函館本線｜星置 — 稲穂 / Tomo

「踏切の向こう側行って、ロイヤル見てこようぜ！」
「オッケー！」という会話が聞こえてきた。

伊豆急行から、はるばる北海道にやってきた
ザ・ロイヤルエクスプレスが車庫の中に入ってきた日のひとこま。

すぐに、過去の自分が現代にタイムスリップしてきたかのような
錯覚に陥っていることに気がついた。
自分の鉄道写真の原点って、この時の記憶なんじゃないかって。

札幌市 / 矢野 友宏

道南いさりび鉄道｜釜谷―泉沢 / Tomo

3

道北エリア

北海道の鉄道風景

Scenic Railroads in Hokkaido

留萌本線｜恵比島—峠下 / Yama

Northern Hokkaido

留萌本線｜北一已—秩父別 / Ban

留萌本線｜藤山—大和田 / Ban

留萌本線｜峠下 — 幌糠 / Ban

留萌本線｜峠下 / Ban

留萌本線｜恵比島 / Ban

留萌本線｜留萌 / Ban

留萌本線｜秩父別 / Ban

留萌本線｜秩父別 / Ban

留萌本線｜藤山 / Ban

留萌本線｜恵比島―峠下 / Ban

終着駅、やがて始発駅

　「トレインスポッターズ」は、鉄道をテーマにした曲ばかりを作って演奏しているバンドです。

　「シルバーボディ」という、留萌線を舞台にした曲もあります。失恋した鉄道好きの女の子が、彼氏との鉄道旅を思い出しながら一人で終着駅の増毛へ向かい、そこで気持ちを切り替えて、折り返し始発駅となった増毛から新しい一歩を踏み出して行く、という内容です。

　残念ながらこの恋の話は私の体験談ではありませんが、増毛への鉄道旅はいつも私をリセットさせてくれるものでした。のどかな水田を過ぎるとやがて深い緑の中へ。よいしょよいしょと峠を越えればかつてタブレット交換が行われていた峠下駅。留萌港を過ぎて鉄橋を渡ると、左カーブの後に突然キラキラの日本海が現れます。夏の光がキハ54のステンレスボディに反射して、眩しさに思わず目をつぶると、少し開けた窓から潮の香りがしました。

　終着駅というともの悲しいイメージがありますが、増毛は情緒がありつつも、美味しい海の幸や山の幸と地酒があり、シャイであたたかい人たちが迎えてくれて、ほのぼのと笑顔になれる町です。帰りの列車に乗り込む頃には、またがんばろうっと、とエネルギーが満タンになりました。

　留萌〜増毛間の廃線が決まり、最後の夏となった2016年の増毛えび祭りの際に、駅前でキハ54に向かって演奏させてもらいました。出発の際は運転士さんが汽笛で応えてくれて、乗客の方たちも車内から手を振ってくれました。

　その様子を、偶然にも番匠さんが撮影してくださっていたのが縁で、ここに文章を書かせていただいています。いつも私に新しい一歩を踏みださせてくれた留萌線との、大切な思い出となりました。

富良野市／みどり

留萌本線│舎熊 / Ban

留萌本線│留萌 / Ban

留萌本線│留萌 / Ban

留萌本線│増毛 / Ban

留萌本線│増毛 / Ban

留萌本線｜瀬越―礼受 / Ban

富良野線｜西中 — ラベンダー畑 / Ban

富良野線｜美瑛 — 美馬牛 / Ban

富良野線｜美瑛—美馬牛 / Yama

富良野線｜西聖和—千代ヶ岡 / Ban

汽車通学

当時、中富良野に住んでいた私は、隣町の富良野にある高校に通うため、わずか3駅、10分ほどではあったが3年間、富良野線のお世話になった。

夏になると富良野〜美瑛は観光客で賑わう。学校帰り、臨時の観光列車ノロッコ号のこともあり、団体の観光客、外人の旅行者、家族連れなど、様々な人が乗車していた中で、制服の私たちは少し場違いのように思えたが、賑やかな車内にいると、そこで育ったことを誇らしく思った。

高校三年間は、友人の誘いで科学部に所属。放課後、部員と一緒に自転車に乗って近くの空知川まで行き、河原で石をひっくり返して微生物を採取したりした。川の水と一緒にビンに入れた微生物を学校に持ち帰る時は、毎回ワクワクした。そして部室に戻り、顕微鏡を覗いた時の、ときめいた感覚は今でも忘れず、ミジンコ、プラナリア、ミカヅキモ…実に不思議な世界を映し出してくれた。

何度も通った空知川には長い鉄橋が架かっており、時折ディーゼルカーがゴトゴトとゆっくり渡っていく音が聞こえていた。部活で皆と行ったあの河原までの草原の道、草木の匂い、友人の話し声と川の流れの音に重なり合う、汽車の車輪の音、その全てが懐かしく思えてくる。

札幌市／みさと

富良野線｜美馬牛／Ban

富良野線｜中富良野—鹿討／Ban

富良野線｜上富良野／Ban

富良野線｜上富良野ー西中 / Yama

宗谷本線｜豊富 — 兜沼 / Sasa

汽笛の音、文化のかおり

　音威子府村に暮らしていると、どこにいても踏切や汽笛
の音が聴こえる。特に夜、静けさの中、カタンカタン…と
微かに聴こえる汽車の音で、いまの時刻と明日の天気を感
じる日常は、山に囲まれた音威子府ならではのような気が
する。

　子どもの頃、歌うのが苦手で、音楽の歌のテストはとて
も嫌だったが、音威子府小学校の校歌の一節、二番の歌詞
の最初だけは好きだった。「汽笛の音はちえをよぶ　文化
のかおりはこびきて」からはじまる校歌は、かつての鉄道
の街、国鉄の街の歴史を物語っていて、小学生ながらなん
となく誇らしくも感じていた。

　北海道の北部、道北地方の内陸部を、天塩川とともに縦
断する宗谷本線の沿線の街は、冬の「寒さ」と「雪」は特に
厳しく、音威子府はさらに別格だ。小学生の頃、父が土日
休みではなかったので、出掛ける時には母と弟と一緒に汽
車に乗ることが多かった。当時、年季の入ったディーゼル
カーの急行列車は、ガラガラとエンジン音をたてて走って
いて、冬は極寒の中でも汗をかくほどに車内は暑かった。
札幌、旭川からの夜の急行は、途中名寄で後ろ1両を切り
離し、そこからさらに1時間弱で音威子府に着いた。時折、
乗降デッキの自動ドアがしばれついて開かず、足で蹴飛ば
してやっと開くほどで、ホームに降り立つと一気に汗も凍
るような寒さが待っている。だが、それがむしろ、「音威
子府に帰ってきたな」という安堵感を演出していたかのよ
うに、いま振り返ると感じる。

　いま一度、校歌の歌詞を読み解くと、都会から地方へ情
報や文化など、新しいモノやさまざまなモノを運んでくる
のが鉄道であったのだろう。ただ、村の歴史とともに100
年近くの年月が過ぎゆく中で、もはやその役割はすでに終
えていて、その土地に根付き、熟成に熟成を重ねて、鉄道
そのものが地域の「文化」になった。

　汽笛の音、文化のかおり。今日もまた、汽車の音色を聴
きながら、いつも通りの日常を。

音威子府村 / 横山 貴志

宗谷本線｜音威子府 / Yoko

宗谷本線｜音威子府 / Yoko

宗谷本線｜音威子府 / Yoko

名寄公園 / Sasa

宗谷本線｜塩狩―和寒 / Sasa

宗谷本線｜蘭留ー塩狩 / Sasa

駅

Station

その先へ

Somewhere Far away

留萌本線 ｜ 北一已 / Ban

駅はあの頃のまま　私を迎えてくれた

制服姿で　毎朝走り抜けた改札
待ち時間に　宿題を片づけたベンチ
こんなに寒くて　何にもない町は嫌い、と
都会へ出た日　母に見送られたホーム

また来よう　この何もない駅に
こんなに寒くて　あったかいこの駅に

新十津川駅

Shintotsukawa Station

札沼線｜新十津川／Ban

札沼線｜新十津川 / Ban

釧路湿原駅

Kushiro Shitsugen Station

釧網本線｜釧路湿原 / Ban

別保駅

Beppo Station

花咲線（根室本線）｜別保 / Ban

添牛内駅

Soeushinai Station

深名線｜添牛内 / Tomo

北浜駅

Kitahama Station

釧網本線｜北浜 / Tomo

室蘭本線｜北舟岡 / Maru

室蘭本線｜北舟岡 / Yama

北辺の停車場

　本州都市部に住む私にとって北海道の鉄道旅は特別である。

　車窓に広がる雄大な景色、本州の沿線ではみられない動植物たち、寒冷地特有の二重窓、とりわけ北海道の駅は独特で印象的な所が多い。近所の駅が日常空間なら北海道の駅は非日常空間だ。そして今も昔もこじんまりとした秘境駅が多い。北舟岡駅は国鉄時代、仮乗降場（簡便な手続きで設置された駅）扱いであった。また、北浜駅は仮乗降場でこそなかったが無人駅。シベリアからの季節風がもたらすオホーツク海沿いの荒涼とした景色が最果て感を醸し出し、映画「網走番外地」では網走駅として登場している。

　北海道には無人駅が多い。しかしいくら列車本数や乗降客数が少なく無人駅といえども駅とはその地域や集落の玄関口である。そのため駅員はいなくてもその駅前を掃き清めたり雪掻きをする地域の住人をしばしば見かけた。公共の場をいつも安全快適に保とうとするその姿に日本人の美徳を見る思いがした。

　残念なことに、北海道の駅や路線は廃止が進み、その美しさを目にする機会は年々減りつつある。添牛内駅、新十津川駅、豊ヶ岡駅…美しい姿は既に写真の中でしか見ることが出来ない。

兵庫県宝塚市 / 坂 剛

4

道東エリア

北海道の鉄道風景
Scenic Railroads in Hokkaido

石北本線｜端野―緋牛内 / Maru

Eastern Hokkaido

石北本線｜上川―白滝（奥白滝信号場）／ Ban

石北本線｜端野—緋牛内 / Eno

石北本線｜上白滝 / Maru

石北本線｜緋牛内 / Maru

石北本線｜上川―白滝（上越信号場）/ Maru

石北本線｜白滝―丸瀬布 / Maru

石北本線｜上川 / Maru

石北本線｜遠軽 / Maru

石北本線｜網走 / Maru

北見から札幌〜想いを乗せて

　25歳で札幌を離れ、オホーツク地方の北見市へ赴任した。初めての一人暮らしが思いのほか快適で、あまり里帰りしなかった。それでも帰る時には快適な列車を利用した。石北本線では、鹿と接触して遅れることもあったが、山里を抜け峠を越え、北海道の秘境を走る特急という「らしさ」が表れていたと思う。

　後に札幌在住の方との結婚が決まり、特急「オホーツク」に乗車する機会が増えた。北見を出発し、

特急といえども時間をかけてのんびりと、山間部の小さな駅をいくつも通過して列車は進む。鉄路を維持することがいかに大変か想像できた。山間部を抜けて旭川に入ると急に人が多くなり、岩見沢を過ぎる頃に気持ちはすっかり札幌人に戻っていた。

　そして、札幌で過ごす数日間はあっという間に過ぎ去り、再び特急「オホーツク」へ乗車するために札幌駅のホームへと向かう。結婚相手と次に会えるのはいつになるだろうかと、ホームで入線を待つ時間は

石北本線｜留辺蘂 / Maru

切なかった。車窓から見える街の景色が何故か記憶に残っていない。恐らく買ってきた本をすぐに読みだし、寂しさを紛らわしていたのだろう。旭川を出る頃には現実に引き戻され、山間部を走り遠軽駅で座席転換、帰路は駅に降りて駅弁を買っていたと思う。留辺蘂まで来ると暗くなっていることが多かった。ホームにある「るべしべ」という駅名標を見ると、長旅も終わりに近いと安堵した。

　北見市内に入りトンネルを抜けるとすぐに北見

駅。札幌に比べるとはるかに小さな駅だったが、地域の拠点とも言える駅。当時はふるさと銀河線も乗り入れており、駅前はそれなりに賑わっていた。後に、ふるさと銀河線が廃線になり、オホーツクの一部が網走〜旭川までになるなんて、当時は考えもしなかった。よく利用した二本の線路は、自分の未来に続く希望の象徴にも思えていたから。

札幌市 / 杉本 式史

石北本線｜緋牛内 / Maru

石北本線｜上川—白滝 / Eno

根室本線｜平岸―芦別 / Ban

根室本線｜金山―東鹿越 / Ban

根室本線｜金山 ― 東鹿越 / Ban

根室本線｜富良野―布部 / Ban

根室本線｜富良野 — 布部 / Maru

根室本線｜山部 — 下金山 / Ban

根室本線｜金山／Ban

根室本線｜金山―東鹿越 / Ban

根室本線｜布部 / Ban

根室本線｜東鹿越 / Ban

根室本線｜下金山 / Ban

根室本線｜金山─東鹿越 / Ban

布部駅前には、「北の国　此処に始る」という看板がある。
北海道を代表するテレビドラマ「北の国から」が始まった場所である。

2021年に黒板五郎役の田中邦衛さんが亡くなった。
実は33年ほど前、一度だけお会いしたことがある。
富良野に仲間とスキーで訪れたとき、偶然にも一緒の温泉に浸かっていた。
仕事で来ているのだろうからと思いながらも、
一ファンとしてこんなチャンスはそうないもの。
私が口火を切って話しかけた。

田中邦衛さんですよね？
いつもテレビドラマを楽しみにしています。（と私）
　あー、それはどうもー。
先日の特番（'87初恋）、観ました。
あの酔っぱらって純くんに絡むシーン、良かったですね、
何か分かるなぁ、と観てましたよ。（と私）
　あー、あれね、実はおいらは全くお酒が飲めないんですよ。
え〜、そうなんですかー。（と驚く私）
　あー、全部演技でしてね。本当に飲めたらいいんだけどね〜。
　おいらはお酒も飲めないダメな男なんですよー。

話し方は、ドラマの五郎さんそのままで、実に謙虚に話をされる方だと思った。
温泉でくつろいでいたので、遠慮しつつそのくらいの会話で終わったが、
実は嬉しくてたまらなかった。
今でも田中邦衛さんとの会話は鮮明に記憶していて、
その時のワクワクとした気持ちと共に心の奥にしまってある。

根室本線｜布部 / Ban

夏空の下で

　ある夏の日。七歳のひとり娘と一緒に利別川へと出掛けた。

　川に架かる鉄橋に帯広行きの列車がゴトゴトと音を立てて渡っていく。シャイな娘は、手を振ることもしなかったが、どんな表情をしているのかと想像しながら、十勝晴れの空と一緒にシャッターを切った。

　そんな娘も高校生になり、地元を離れて札幌へ進学することに。帰省の際、最初は私の車で送り迎えしていたが、そのうち一人で列車やバスに乗って帰省するようになった。

　帯広駅まで迎えに行ったある日の車での会話—
「やっぱりバスより列車がいいなぁ」と一言。
「どうして？」
「なんとなく・・・」

　お互い顔を向けることもなく、ただ前だけを見て話した。シャイな娘は、あの夏の日のままだった。

帯広市 / 稲垣 裕一郎

根室本線｜利別 — 池田 / Yuu

根室本線｜十勝清水─御影 / Yuu

根室本線｜芽室—大成 / Yuu

根室本線｜新吉野 / Yuu

根室本線｜利別 / Yuu

根室本線｜池田 / Ban

根室本線｜厚内 / Yuu

根室本線｜音別─白糠 / Yuu

根室本線｜御影─芽室 / Yuu

145

根室本線 | 厚内 / Yuu

遠くへ
Far away

夜明け前の駅では、始発の汽車が僕を待っていた。
ホームにはキタキツネだろうか、動物の足跡が
汽車の入り口へと続いていた。
その足跡に誘われるように、僕も汽車に乗り込む。
北の大地の旅路は、今始まったばかり。

根室本線｜幕別―利別 / Yuu

釧網本線｜釧路湿原 — 細岡 / Yama

釧網本線｜茅沼 / Yama

釧網本線｜茅沼―五十石 / Yama

釧網本線｜標茶 / Yama

釧網本線｜標茶 / Yama

釧網本線｜標茶 / Ban

釧網本線｜標茶 / Yama

釧網本線｜五十石ー標茶 / Yama

9

青春18きっぷ

　初めて北海道の地に足を踏み入れたのは、高校の修学旅行で、関西から新幹線と寝台特急「ゆうづる」を乗り継ぎ、青函連絡船に乗船して訪れたのが1981年6月。あれから40年が過ぎ、記念すべき年になる2021年、どうしても北海道に行きたいという思いにかられ、わずか2日間であったが、青春18きっぷを使い、自然の宝庫、道東での列車の旅を存分に楽しむことにした。

　今回の訪問で最も印象深かったのは、釧路と網走を結ぶ釧網線。

　釧路でキハ54形に乗り込む。まるで旧友に再会した気分。エアコン装備が当然の令和の時代に、昭和末期から扇風機で奮闘する姿におもわず労をねぎらう。

　網走に近づくと、オホーツクの海に手が届きそうなところに位置する木造駅舎にも再会し感激する。長年、冬の風雪に耐え忍びながら、温かいまなざしで気ままな旅人を受け入れてくれる北浜駅の姿に、胸が熱くなる。

　釧路から網走まで、湿原に川、山に湖、そして海へと、自然の変化に富んだ3時間あまりの車窓は、瞬く間に過ぎ去った。

　復路は、網走から釧路への最終列車の客となる。暗闇の中、広大な大地を走りぬける単行列車。途中、エゾシカと衝突し衝撃音とともに緊急停止したアクシデントも、エゾシカには申し訳ないが、思い出に残るワンシーンとなった。2日間の気ままな「乗り鉄」で心が満たされ、帰路につく。

　そして、家に帰りしばらくするとまた、北海道のローカル線の単行列車に揺られ、地平線の広がる風景を車窓から見ている自分を思い浮かべながら、時刻表を手にしているのだった。

兵庫県姫路市 / 寺田 善彦

釧網本線｜中斜里―知床斜里 / Sasa

釧網本線｜細岡―塘路 / Yama

釧網本線｜細岡─塘路／Yama

釧網本線｜遠矢／Ban

釧網本線｜知床斜里／Ban

釧網本線｜釧路湿原—細岡／Yama

釧網本線｜北浜／Ban

花咲線（根室本線）｜厚岸―糸魚沢 / Ban

花咲線（根室本線）｜厚岸 / Ban

花咲線（根室本線）｜別保 / Ban

花咲線（根室本線）｜浜中 / Tomo

花咲線（根室本線）｜落石 / Maru

花咲線（根室本線）｜根室 / Ban

花咲線（根室本線）｜釧路 / Ban

花咲線（根室本線）｜尾幌—門静 / Ban

花咲線（根室本線）｜茶内 / Eno

花咲線（根室本線）｜茶内 / Eno

花咲線（根室本線）｜別当賀 ― 落石 / Ban

花咲線

　高校を卒業し、国鉄に入社して分割・民営化になるまで約10年間、釧路鉄道管理局に勤めた。局内で根室本線は、釧路を境に西と東に分け、釧路〜滝川を根室西線（さいせん）、釧路〜根室を根室東線（とうせん）と呼んでいた。現在、東線の愛称は花咲線だが、今でも何かの拍子で釧路〜根室を指す際、「東線」と言ってしまい、周囲から「何それ？」という顔を向けられる。しかし、国鉄OB会の会合に出かけると、今でも「東線」が当たり前のように使われている。うれしくもあり懐かしい。

　その「東線」、見どころはたくさんある。釧路を出ると釧路川を渡り、門静から海岸線が近寄り、厚岸を出ると厚岸湖岸、そして別寒辺牛湿原のど真ん中を走る。茶内からは酪農地帯に入り、別当賀を出ると落石海岸が一望できる。根室の一つ手前にある東根室（無人駅）は、日本で最も東にある駅。終着の根室は有人の最東端駅。その先少しだけ線路

が延びているが、すぐに尽きる。そこには「根室本線終点」の看板があり、終点であることを教えてくれる。

　鉄道紀行作家の宮脇俊三さん（1926〜2003年）は、車窓のすばらしい線区として釧路〜根室、中でも厚岸〜根室を〝一級品〟と評している。荒涼とした大地、霧により瞬時に変わる沿線風景、広大な湿原、オオワシやタンチョウなど動物たちの出現―。そうした日本離れした異国ともいうべき車窓が、宮脇さんの心に焼き付いたのだろう。

　釧路と根室には地酒があり、厚岸にはウイスキーも誕生した。また、沿線は海の幸、酪農を中心とした山の幸にも恵まれている。乗ってよし、撮ってよし、食べてよし、飲んでよし。花咲線は魅力いっぱいの鉄路である。

釧路市 / 星 匠

花咲線（根室本線）｜尾幌 — 門静 / Eno

絶景 北海道の鉄道

―― いま、一瞬と永遠を手に入れる。――

花咲線（根室本線）｜別当賀―落石 / Ban

路線図

Railway route map

撮影に同行し、数えきれないほど
こころに沁みる風景を外側からみてきた
いつしかその景色を列車に乗り
内側からみたいと思うように…

たとえば、「花咲線 別寒辺牛湿原」は
「べかんべうし」と読み
森と湿原の繋がりを体感しながら
列車は糸魚沢駅へと進む

たとえば、「根室線 かなやま湖」
長いトンネルを抜け、鉄橋を渡り、
緑豊かな湖のほとりを走る
そしてほどなく終着の東鹿越駅に

たとえば、「留萌線の恵比島峠越え」
列車はΩ状に山を回り込んで進み
峠を越えるとやがて峠下駅に到着する

北の旅路は、私の心を外側からも
内側からも存分に満たしてくれる

こころに沁みるローカル線
いつか二人で乗りに行こう

JR 北海道 鉄道路線区間

━━ 石北本線	━━ 石勝線	━━ 留萌本線 ━━ 札沼線
━━ 釧網本線	━━ 日高本線	━━ 富良野線
━━ 根室本線	━━ 室蘭本線	━━ 江差線
━━ 宗谷本線	━━ 函館本線	━━ 千歳線　※2008年現在

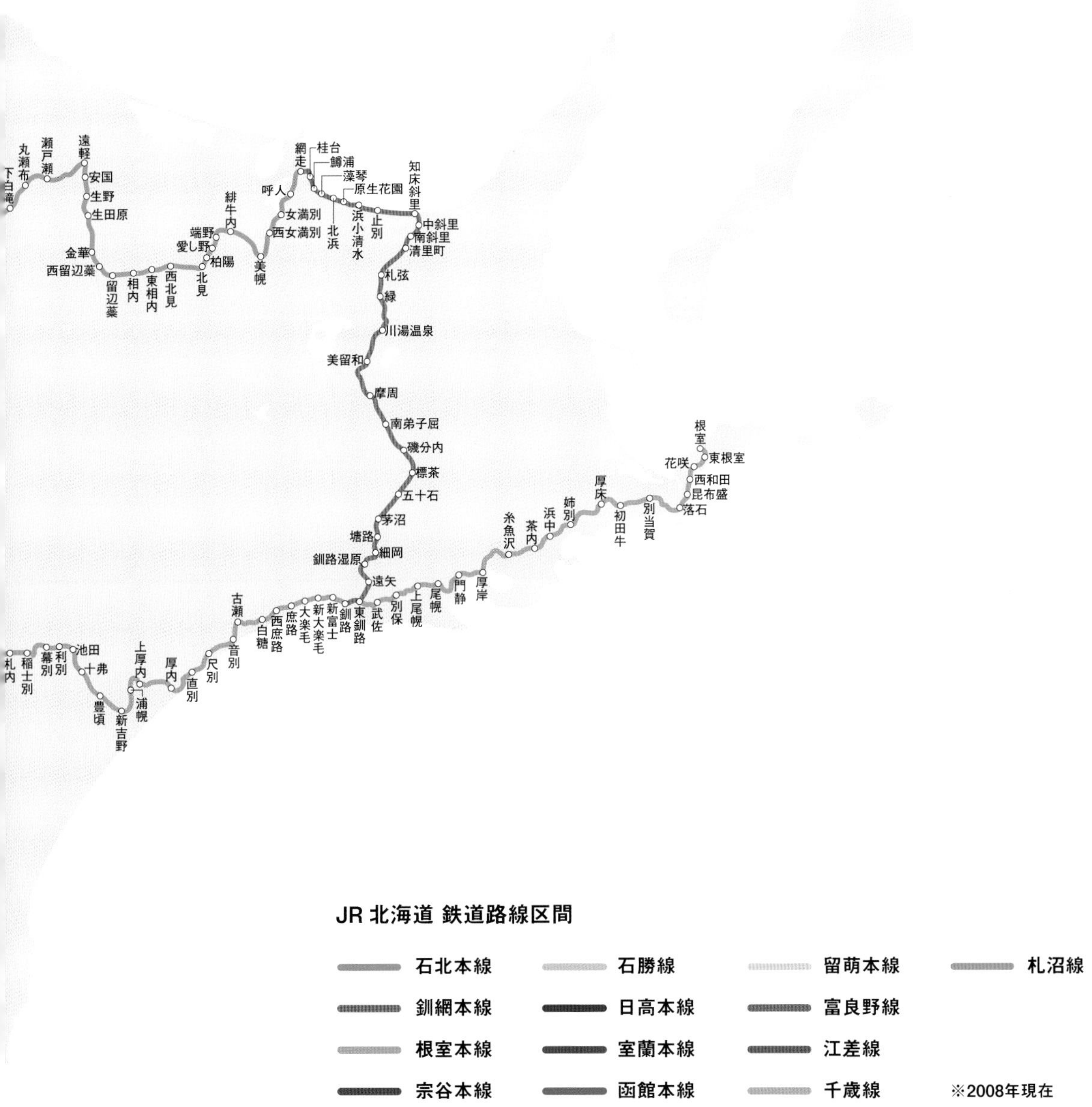

写真家プロフィール

山本 学
Yamamoto Manabu (Yama)

　幼少の頃から鉄道が好きで、鉄道風景を本格的に撮り始めたのは30歳を過ぎた2002年からです。同年の大型連休に道南方面への旅行の道中で夜行列車を撮影したことが、鉄道風景の撮影を始めるきっかけとなりました。その後約20年で、北海道の鉄道を取り巻く環境は大きく変化しました。私が鉄道風景写真の世界に足を踏み入れるきっかけとなった夜行列車は姿を消し、幾つかのローカル線も廃止され、撮影対象は徐々に減少しているように思います。それでも北海道には素敵な鉄道風景がたくさん存在します。

　今後も新たな鉄道風景を探し求め、ライフワークとして撮影を続けていきたいと思います。

1970年生まれ	札幌市在住 北海道出身
1998年	北海道大学大学院 工学研究科修了
写真集：	2015年「さよなら江差線」北海道新聞社 写真提供
入選歴：	2011年 第35回 鉄道ファン／キヤノン フォトコンテスト金賞
	2017年 第41回 鉄道ファン／キヤノン フォトコンテスト銀賞 等
雑誌掲載：	「レイル・マガジン」「鉄道ダイヤ情報」等
所属：	丸瀬布倶楽部会員、北海道大学鉄道研究会顧問

丸山 裕司
Maruyama Yuji (Maru)

　電車に乗ればいつも先頭に陣取り、走る風景や乗務員の作業を眺めていた幼少期。

　周遊券や青春18きっぷを握り締め、日本全国にある素晴らしい光景や風土を求めて旅した青春期。

　仕事の合間に、四季の移ろいや鉄道を取り巻く情景を追い求め、あちこちを撮り歩いている成人期。

　その時々で夢中になったものは異なりましたが、鉄道が、四季の光景が、そして北海道が大好きな「おやじ」です。

1971年生まれ	江別市在住 大阪府出身
1988年	北海道へ
雑誌掲載：	「旅と鉄道」「旅行読売」等
blog：	線路際の四季

河原 泰平 *Kawahara Taihei (Kawa)*

　何気ない日常生活や旅に誘う昂揚感、時には傷心の独り旅の寂寥感など、鉄道が運ぶ情感・ドラマを写し込むことを大切にしています。

1972年生まれ	せたな町在住 奈良県出身
1999年	北海道大学大学院 農学研究科修了
入選歴：	2014年 第38回鉄道ファン／キヤノンフォトコンテスト
	鉄道友の会賞
	2015年 第8回タムロン鉄道風景コンテスト 準大賞
	2017年 第1回「秘境小幌」フォトコンテスト 最優秀賞

現在は、地元の旧国鉄瀬棚線の遺構保存や紹介活動を進めています。
国鉄瀬棚線資料室 https://setanasen.wixsite.com/1111

矢野 友宏 *Yano Tomohiro (Tomo)*

　鉄道写真を楽しむ専門家＝「鉄道写楽家」として、車両だけではなく、偶然が織りなす光や人の動きも交えた「鉄道がある風景」を切り取る撮影をライフワークとして活動しています。2019年より、「おおぞら会（あびら鉄道交流推進協会）」事務局長として、キハ183が保存されている安平町を中心に、鉄道を活かした交流活動にも携わっています。2021年『総天然色 ヒギンズさんの北海道鉄道旅 1957-70』の装丁・ブックデザインを担当しました。

1972年生まれ	札幌市在住 横浜市出身
1977年	北海道へ
写真集：	2015年『北海道の赤い電車』北海道新聞社（共著）
	2020年『札沼線の記憶』北海道新聞社（共著）

稲垣 裕一郎
Inagaki Yuuichiro (Yuu)

　津軽海峡を初めて越えた高校2年の夏。それから幾度も渡道を重ねてきました。大阪に住んでいた私にとって、北海道は遥か彼方の遠い遠い存在でした。北海道民になる夢が叶った時は、これでいつでも北海道の写真が撮れると喜んだものでした。

　しかし時が経って非日常が日常になると、いつでも撮れるという気の緩みが、二度とない一瞬の出会いを奪います。初心でいることの難しさを感じながら、北海道らしい写真を追い求めてきました。雄大で厳しい大自然の北海道だからこそ、撮れる風景もあるでしょう。もちろんそれも北海道ですが、すぐそこにある何気ない風景もまた、紛れもなく北海道です。

　これからも北海道を想い、愛し、慈しむ心を忘れず、鉄道風景写真と向き合っていきたいと思います。

1967年生まれ	帯広市在住　大阪府出身
1989年	近畿大学卒業
1992年	2年間のカナダ滞在を経て北海道に移住
雑誌掲載：	「レイル・マガジン」「国鉄時代」「鉄道ジャーナル別冊」等

佐々木 康成
Sasaki Yasunari (Sasa)

　初めてカメラを持ち列車を撮影したのが小学校5年生の時。真冬の吹雪の中、C55が牽引する旭川発稚内行き普通321列車を名寄川橋梁で撮影しました。当時のカメラは父から借りた小西六パール II型。ピント合わせは手動で露出計も付いておらず、連写も出来ませんでした。常に成功と失敗の繰り返しの撮影でした。その後機材は大きく進化を遂げ、手軽に綺麗な写真が撮影出来るようになりました。そんな中で、ただの記録写真ではなく心に残る写真を目指し、これからも撮影したいと考えています。

1961年生まれ	名寄市出身　在住
1981年	国鉄入社
1987年	JR北海道へ移行
個展：	2016〜2022年　名寄市・駅前交流プラザよろーなにて毎年開催

榎本 淳　*Enomoto Atsushi（Eno）*

　19歳の時に初めて旅行で訪れ、北海道が好きになりました。主に北海道の鉄道風景写真を撮影しています。

1972年生まれ	釧路市在住　横浜市出身
1997年1月	北海道へ移住
個展：	2015年 2022年 富士フイルムフォトサロン札幌 2016年 富士フイルムフォトサロン東京
HP：	「北海道写真展」 http://ilovehokkaido.a.la9.jp/index.htm

番匠 克久

Bansho Katsuhisa

写真やカメラの技術が進歩し
写真の撮影は昔ほど難しくなくなりました。
それよりも何を感じ、どう撮り、どんな作品に仕上げるのか
その写真に込められた想いが求められます。
カメラから覗くファインダーやモニターは、
フォトグラファーの心を写し出す「心の窓」となっています。

写真は瞬間的なもので、その一瞬の輝きを見付けられるかが重要で
またその瞬間を思いのままに表現できるかという技術も必要です。
写真は言葉のように、見てくださる人へ何かを伝える役目を持っており
「伝わる写真」と「伝わらない写真」があるのも事実です。
どう表現すると伝わる写真になるかを常に考え
作品作りに臨みたいと考えています。

「雪後の松」という言葉があります。
松の木は大して花も咲かずありふれ
普段は注目されることもありませんが
冬になると雪が積もり、枝葉を張って風雪に耐え
青い葉を保っています。
その雪後の松の姿を見ると、美しさや力強さを感じるものです。
こうした物の見方が出来ると、一瞬の輝きを逃さず
いい写真を残せるのではないかと思います。

プロフィール

1965年生まれ	札幌市在住 兵庫県出身
1987年	関西学院大学卒業
写真集:	2006年『汽憶』エムジー・コーポレーション
	2017年『汽憶Ver.2』エムジー・コーポレーション
	2021年『日高線の記憶』北海道新聞社
個展:	リコーイメージングスクエア新宿・大阪
	富士フイルムフォトサロン札幌
	道新DO-BOX他で開催
雑誌掲載:	月刊カメラマン「カメラマン最前線」
	フォトコン「一生懸命フォトグラファー列伝」
	「レイル・マガジン」「国鉄時代」「鉄道ファン」
	「鉄道ジャーナル」「Jトレイン」「CAPA」等掲載
連載:	北海道新聞 空知版「札沼線の汽憶」
	北海道新聞 日高・苫小牧版「日高線の記憶」

編著者	番匠 克久
デザイン	大道 崇行（STAFF inc.）
	伊藤 里菜（STAFF inc.）
イラスト	木島 誠悟（STAFF inc.）
エッセイ	大槻 みどり／小原 茜／
	坂 剛／菅 未沙音／
	杉本 式史／寺田 善彦
	星 匠／番匠 朋子
写真協力	菊地 宏之（Kiku）P.63
	横山 貴志（Yoko）P.104、P.105
挿絵	笠松 はるえ／岡本 笑子
	入舟 理哉
編集協力	五十嵐 裕揮（北海道新聞社）

絶景 北海道の鉄道

発行日	2022年5月31日 初版第1刷発行
発行者	菅原 淳
発行所	北海道新聞社
	〒060-8711
	北海道札幌市中央区大通
	西3丁目6 出版センター
	（編集）TEL.011-210-5742
	（営業）TEL.011-210-5744
印刷	株式会社 アイワード

ISBN978-4-86721-066-6